Facklitteraturtitlar av Janvier T. Chando

IKONER OCH SKURKAR: De Senaste Politiska Morden...
FALLNA HJÄLTAR: Afrikanska Ledare vars Lönnmord...
UKRAINA: Dragkampen mellan Ryssland och Västvärlden
Kamerun: Afrikas Hemsökta Hjärta

Skönlitterära Titlar av Janvier Chando

Inkräktare: och Andra Berättelser
Trippelagent, Dubbelkors
Lärjungarna av Förmögenhet
Union Muzhik
Solens Blixt
Förmögenhet Samtal
Förmögenhet Mästare
Flickan på Spåret
Förmögenhetens Barn
Norilsk Björnarna
Jag Före Dem
Mormödrar: Och Perfekt Kärlek
Eld- och Is Legenden
Den sötaste Galenskapen
Hungern Avfyrar
Eldens Nyanser
Far och Söner
Ödesdigra Slipsar
Hades Dom
Hans Majestäts Rättegång
Ngokos Dårskap
Inkräktare
Hemgiften
Jag är Hatad
Oaf

Kommande Titlar av Janvier Chando

Hem Drifters
De Dödliga Vännerna
Den Vita Höken
Norilsk Björnarna

ÄVEN HANS FIENDER GRÄT:

Lönnmordet på Yitzhak Rabin av Israel

Janvier T. Chando

TISI BOOKS

NEW YORK, RALEIGH, LONDON, AMSTERDAM

UTGIVEN AV TISI BOOKS
www.tisibooks.com

Bekräftelse

Speciella ord av uppskattning till Christopher N. Chando och moster Anna Mapajane Chitja för att öppna dörren och ge insikt i den arabisk-israeliska gungflyts invecklade natur.

Tillägnan

Boken är tillägnad alla ikoniska och legendariska ledare vars syften var att tjäna mänskligheten och främja mänsklighetens välbefinnande, särskilt de som avbröts i sina historiska uppdrag av de onda krafterna i denna värld.

ÄVEN HANS FIENDER GRÄT:

Lönnmordet på Yitzhak Rabin av Israel

Citat av Yitzhak Rabin

"Man får inte till fred med vänner. Du gör det med mycket obehagliga fiender."

"Vi måste tänka annorlunda, se på saker på ett annat sätt. Fred kräver en värld av nya begrepp, nya definitioner."

"Av alla händer i världen var det inte handen som jag ville ha eller drömde om att röra... Vi, soldaterna som har återvänt från strid färgade av blod, vi som har sett våra släktingar och vänner dödas framför våra ögon, vi som har närvarat vid deras begravningar och inte kan se deras föräldrar i ögonen, vi som har kommit från ett land där föräldrar begraver sina barn, vi som har kämpat mot er, Palestinierna - vi säger till er i dag med hög och tydlig röst: Nog med blod och tårar. Tillräckligt... Tiden för fred har kommit."

""Nog med blod och tårar. Nog!"

"En diplomatisk fred är ännu inte den verkliga freden. Det är ett viktigt steg i fredsprocessen som leder till en verklig fred."

"Det finns inget sätt att hitta medelväg, inte ens med världens bästa avsikter. Vår förnuftigaste politik är att stanna upp."

"Jag ansåg att förebyggandet av krig var ett test av vår säkerhetspolitik; förutom att snabbt och kraftfullt kunna avsluta alla krig som tvingas på oss."

"Jag tror dock att fred kan uppnås oavsett Arabernas mentalitet, samhälle eller regering."

"Vi måste passera ett år i vårt förhållande till USA genom att gå på tå. Om vi lyckas år 1975 och vi kommer att nå 1976 kommer vi inte att vinna ett år utan två."

"Israel har en viktig princip: det är bara Israel som är ansvarigt för vår säkerhet."

" Jag skulle vilja att Gaza sjönk i havet, men det kommer inte att hända, och en lösning måste hittas."

"Ingen Arabisk härskare kommer att överväga fredsprocessen på allvar så länge han kan leksak med tanken på att uppnå mer genom våld."

"Vi kommer inte att vila förrän vi når en permanent överenskommelse [med Palestinierna] som skulle säkra en säker framtid för våra barn och som skulle ge oss förnyat hopp om att leva i en region där människor lever ett liv i samarbete och inte, Gud förbjude, där blod utgjuts."

"[Palestinierna] gjorde inte i det förflutna och utgör inte i nuet ett existentiellt hot mot staten Israel."

"Det finns bara ett radikalt sätt att helga människoliv. Inte pansar plätering, tankar, flygplan eller betongbefästningar. Den enda radikala lösningen är fred."

"Det är inte värt papperet det är skrivet på om det inte backas upp av den typ av kraft som kommer att få den andra sidan att betrakta straffen som för tunga för att bryta avtalet."

"Vi blev alla förvånade över hur smidigt det gick, i förhållande till vad som förväntades. Det tog Israeliskt samhälle tid, 10 år, att bli moget för en sådan åtgärd."

"Jag anser att det är mitt ansvar som Israels premiärminister att göra allt som kan göras för att utnyttja de unika möjligheter som ligger framför oss att gå mot fred. Allt kan inte göras genom en handling."

Innehållet

Kartor

Israel på en världskarta

Kartor över Palestina, Israel och de ockuperade områdena över tid

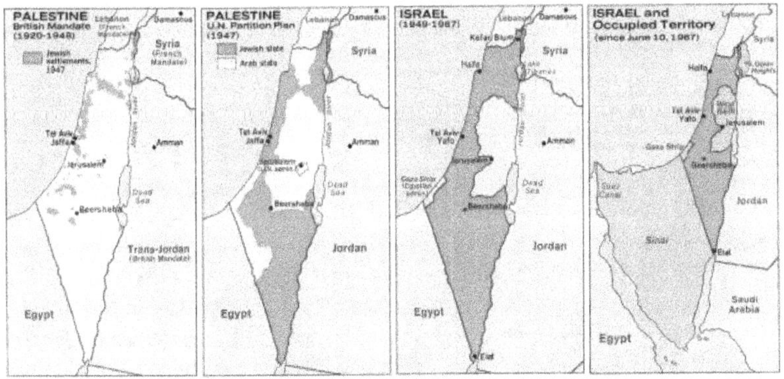

Israel, Gaza, Västbanken och Golanhöjderna

Införandet

I min sökning efter svaret på varför vissa geopolitiska flampunkter existerar i världen, i min undersökning att veta orsakerna till att vissa länder och världen i allmänhet upplevde plötsliga och dramatiska förändringar som ledde till krig, instabilitet eller en nyorientering av deras inhemska och utrikespolitik som inte bara påverkade dessa länder utan också påverkar vissa regioner eller hela världen, jag utforskade politiska mord under de senaste tiotals decennierna som förändrade vår värld. Med vår värld menar jag våra samhällen, länder, regioner och mänskligheten som helhet.

När jag behandlade de olika lönnmord som ägde rum genom åren använde jag ett tillvägagångssätt som kännetecknades av politisk sociologi, där jag kortfattat analyserade de historiska och sociala faktorer som inte bara ledde till morden utan också som uppstod genom att dessa historiska personer dödades. Och utifrån dessa faktorer får vi en idé eller bilder på hur samhället påverkas har utvecklats sedan de traumatiska händelserna.

Från motreaktionerna som följde efter mordet på historiska, legendariska eller ikoniska figurer kan vi lära oss något användbart och komma med scenarier eller vad vi kan förvänta oss som katastrofer om vissa ledare mördas, och så agera i enlighet med detta för att förhindra deras lönnmord.

Kapitel Ett

Yitzhak Rabin

Yitzak Rabin

Yitzhak Rabin föddes i Jerusalem den 1 mars 1922, i vad som då var en del av Nationernas förbunds mandat som kallades Palestina, och blev Israels första infödda premiärminister, och den första i sin historia som mördades när Yigal Amir, en 25-årig ultranationalistisk och judisk religiös fanatiker som motsatte sig Osloavtalet 1995, den 1995, sköt honom på nära håll i slutet av en fredsstämma organiserat i Tel-Aviv.

Oslo avtalen, som motarbetas av radikala grupper i både Israeliska och Palestinska samhällen, är en uppsättning avtal mellan Israels regering och Palestinas befrielseorganisation (PLO) som inledde fredsprocessen som syftar till att uppnå ett fredsavtal mellan Israel och Palestinierna på grundval av FN:s säkerhetsrådsresolutioner 242 och 338. Oslo avtalen förväntades kulminera i uppfyllandet av "Det Palestinska Folkets Rätt till självbestämmande".

Mordet på Yitzhak Rabin av den unge judiske fanatikern väckte oundvikligen frågan om de uppoffringar han var beredd att leda Israel att göra för att uppnå fred med de närliggande Arabisktalande folken och Arabstaterna inte var för mycket för det Israeliska samhället att ta.

Yitzhak Rabin avtjänade sin andra mandatperiod utan på varandra följande tid som Israels premiärminister före mordet. Mandatperioden som började 1992 skulle avslutas 1996, vilket är året då han förväntades söka omval som Labourpartiets kandidat för att ta det till seger i de allmänna valen.

Betraktad av många skicklighetspersoner som den största strategen för alla generaler i dagens Israels historia och rankad bland Israels tre största generaler, var bister Yitzhak

Rabin inte bara Israels första infödda premiärminister, utan han var också den andra efter att Levi Eshkol dog i sitt ämbete och var den enda premiärministern i Israels historia som mördades.

Yitzhak Rabin kom in på den Israeliska politiska scenen efter 1967 (sex dagar) kriget som Israel vann inom sex dagar genom att besegra arméerna i Egypten, Syrien och Jordanien; och genom att fånga och ockupera deras territorier. Det var ett krig som han kläckte som den sjunde stabschefen för Israels försvarsmakt (IDF). Han fortsatte att tjäna som Israelisk ambassadör i Amerikas förenta stater från 1968 till 1973, innan han blev Israels premiärminister 1974– 1977, vilket markerade en grundläggande fas i sin resa som ledde honom till att bli en stor statsman.

Som Israels femte premiärminister respekterades han internationellt och hölls som en helig hjälte av anhängarna av fredsrörelsen i Israel, som inte bara betraktade honom som generalen som räddade Israel i tider av krig, utan också som landets ledare som började fredsprocessen med Palestinierna.

Kapitel Två

Hur förvandlade sig Yitzhak Rabin från en general till fredsmäklare?

Svaret börjar från hans födelse. Född vid Shaare Zedek Medical Center i Jerusalem till Ukrainska-Judiska invandrare från tredje Aliyah, den tredje vågen av judisk invandring till Palestina från Europa, skulle hans föräldrar flytta från den heliga staden strax efter hans födelse och skulle äntligen göra den nya Judiska sekulära staden Tel-Aviv sitt nya hem. Det var i ett arbetarsionistiskt hushåll i denna kuststad som den unge Yitzhak växte upp från en ålder av en, som en Sabra eller infödd jude. Det var i en tid och i ett samhälle vars barn var starkt influerade av sina föräldrars sionistiska ideal och mobiliserades kraftigt i mycket tidig ålder för att bidra till att förverkliga målet om ett hemland för judarna i Palestina i enlighet med Balfour Deklarationen från 1917.

Som son till en mor som var en central figur i den Judiska underjordiska skulle den unge Rabin lära sig jordbruk i Tel Aviv på Beit Hinuch Le Yaldei ha'Ovdim och Givat HaShlosha skolor, innan han skrev in sig på den prestigefyllda tvååriga Kadoorie Agricultural High School i 1937. Men det var ett år efter att han gick med i den Judiska paramilitära organisationen Haganah, som markerade början på hans 27-åriga militära karriär — med början som soldat i Palmach (Haganahs elitstyrka, som var den underjordiska armén i det Judiska samfundet eller Yishuv i brittiska Palestina). Haganah blev kärnan i den framtida Israeliska armén efter tillkännagivandet av Israels självständighet den 14 maj 1948 av David Ben Gurion, Israels första premiärminister.

Delningskarta för Palestina av FN:s organisation

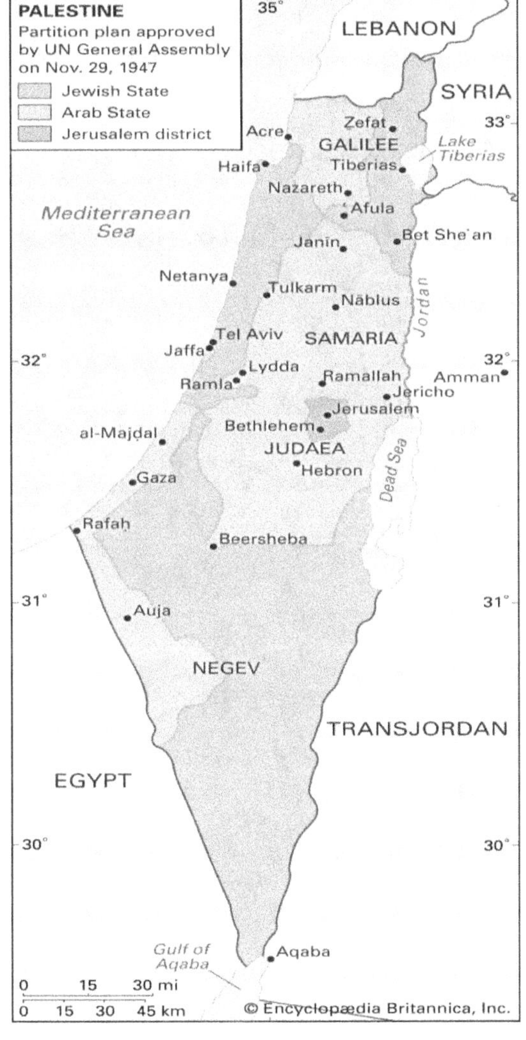

Han utmärkte sig i de tidiga stadierna av det första Arabisk-Israeliska kriget den 15 maj 1948 till mars 1949, som brigadbefälhavare och kom sedan upp genom leden av den Israeliska försvarsmakten (IDF- bildad den 26 maj 1948 ur Haganah, och de militanta grupperna Irgun och Lehi) innan han blev operativ chef för Sydfronten mot slutet av kriget, en position som gav honom en plats som medlem av den Israeliska delegationen till de Israelisk-egyptiska vapenstilleståndssamtalen som hölls på ön Rhodos i USA, vilket ledde till vapenstilleståndsavtalen från 1949 som avslutade det första Arab-Israeliska kriget.

Israel vid början av det första Arabisk-Israeliska kriget

Karta över Delning av Palestina av FN, det första Arabisk-Israeliska kriget och dess konsekvenser

Yitzhak Rabin övergick till den Israeliska Försvarsmakten (IDF) efter det första Arabisk-Israeliska kriget eller Israels självständighetskrig, som den äldsta före detta medlemmen i Palmach som stannade kvar i den nya armén efter efterkrigstidens demobilisering.

Så när de Israeliska försvarsstyrkorna gick in i Egypten

och erövrade Sinai (en egyptisk halvö i Mellanöstern, belägen över Afrika över Röda havet och Suezkanalen) i allians med Storbritannien och Frankrike i det som kallas Suezkrisen från den 29 oktober 1956 till den 7 november 1956, men som annars kallas det andra Arabisk-Israeliska kriget, spelade Yitzhak Rabin en central roll i planeringen och genomförandet av detta krig av Israel.

När politiska påtryckningar från USA tvingade de tre invaderande nationerna att dra tillbaka sina trupper, vilket omintetgjorde deras mål att störta Egyptens president Gamal Abdel Nasser (han förstatligade Suezkanalen i juli 1956) och att återta kontrollen över Suezkanalen för västvärlden, kom Rabin att fullt ut förstå USA:s roll i världsangelägenheter. Det var då han insåg att Israel måste ha Förenta staterna vid sin sida i framtida ansträngningar som skulle få långtgående konsekvenser för den framväxande nationen.

Suezkrisen kallade annars det andra Arabisk-Israeliska kriget

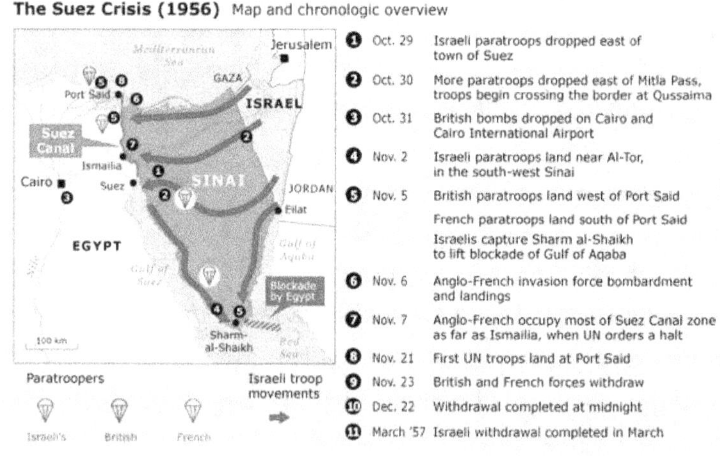

Kapitel Tre

Yitzhak Rabins förmögenheter i armén steg snabbast efter att David Ben Gurion lämnade den Israeliska politiska scenen 1963 genom att avgå som premiärminister och göra Levi Eshkol till sin efterträdare. Rabin, generalen, utmärkte sig ytterligare i IDF efter att han utsågs till överbefälhavare 1964, eftersom han skulle övervaka de förändringar i armén som ledde till Israels seger i Sexdagarskriget 1967, trots att försvarsminister Moshe Dayan fick det mesta av äran för det.

De Israeliska försvarsstyrkornas (IDF:s) seger över Egyptens, Jordaniens och Syriens arméer och tillfångatagandet av Sinaihalvön och Gazaremsan, Västbanken och östra Jerusalem och Golanhöjderna från dessa länder ökade Israels territorium mer än tre gånger, och det stärkte den Judiska statens stolthet och förtroende till ofattbara höjder. De bästa militärerna blev kändisar i sina egna rättigheter.

Karta över territoriella förändringar efter Sexdagarskriget 1967

Det var i den äran som Rabin drog sig tillbaka från IDF och övergick till politik. Den tredje Israeliske premiärministern Levi Eshkols regering utnyttjade hans berömmelse och utnämnde honom till Israels ambassadör i USA 1968. Yitzhak Rabins tid som Israels ambassadör i USA från 1968 till 1973 var en period av fördjupning av banden mellan USA och Israel som inte ens Levi Eshkols död den 26 februari 1969 saktade ner. Och Yitzhak Rabin får den välförtjänta äran för de stärkta förbindelserna mellan USA och Israel, som visade sig vara särskilt hjälpsamma under Yom Kippur-kriget den 6–25 oktober 1973, även känt som det tredje Arabisk-Israeliska kriget, när han säkrade militära förnödenheter som hjälpte Israel att undvika nederlag i händerna på en koalition av Arabstater ledda av Egypten och Syrien.

Karta över Israel, Egypten och Syrien efter Yom Kippur-kriget

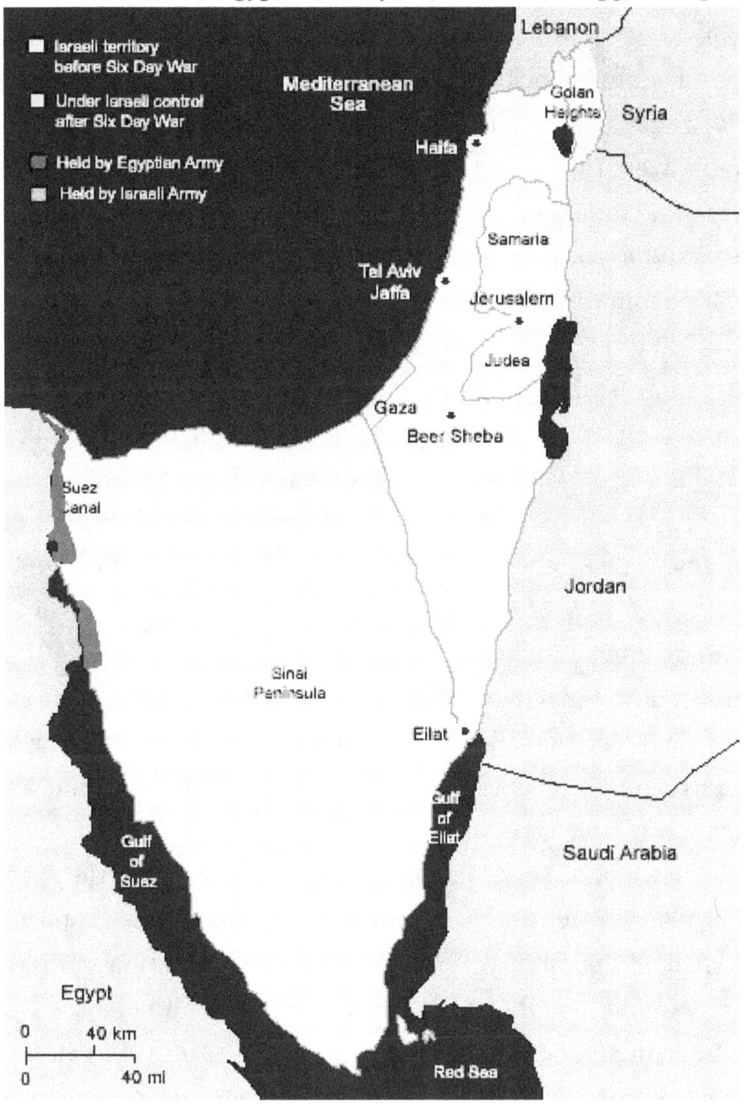

Rabin återvände till Israel från USA och utnämndes till landets premiärminister 1974, efter avgången från Levi Eshkols efterträdare Golda Meir, vars ledning till stor del skylldes för de motgångar som de Israeliska Försvarsmakten drabbades under de första dagarna av Yom Kippur-kriget, när de egyptiska och syriska arméerna gjorde några vinster på Sinaihalvön och Golanhöjderna under de tidiga stadierna av kriget. Det var innan de drevs tillbaka av en Israelisk motattack till och utanför vapenvila, och tills Amerikas förenta stater och Sovjetunionen utarbetade ett andra vapenvila som de införde på de stridande parterna och därigenom förde om ett slut på kriget.

Den första stora höjdpunkten under Yitzhak Rabins första år som Israels premiärminister var undertecknandet av Sinais interimsavtal av Egypten och Israel den 4 september 1975, där det stod att deras *konflikt " inte ska lösas med militär styrka utan med fredliga medel...", och* som också uppmanade Israel att göra plats *"för ett ytterligare tillbakadragande i Sinai och en ny FN-buffertzon".* Avtalet stärkte inte bara båda ländernas åtagande att följa FN:s resolution 338 för att lösa den Israeliska ockupationen av Sinaihalvön, utan det banade också väg för en eventuell fredsuppgörelse genom att främja diplomatiska förbindelser mellan Egypten, Israel och Förenta staterna.

Den andra stora poängen under hans första tid som premiärminister var hans order om Entebbe-räden, annars kallad "Operation Entebbe" eller "Operation Blixt" (*Operation Thunderbolt*). Detta var det framgångsrika antiterrorist- och långdistansuppdraget som utfördes av IDF:s kommandosoldater och som befriade 248 passagerare från Air France Airbus A300-passagerarplan. De flesta av dem var Israeler som hölls som gisslan på flygplatsen i Entebbe, Uganda, av två medlemmar av Populärfronten för Befrielsen av Palestina - Externa Operationer (*PFLP-EO — Popular Front for the Liberation of Palestine – External Operations*) och av två medlemmar av Revolutionära Celler (en av Tysklands farligaste vänsterterroristiska grupper), som alla arbetade tillsammans.

Rabin avgick den 8 april 1977 och drog sig sedan tillbaka från partiledningen och kandidaturen till premiärministerposten inför det kommande parlamentsvalet. Detta efter finansskandalen 1977, som härrörde från avslöjanden om att han bröt mot Israeliska valutaregler genom att upprätthålla utländska bankkonton utan föregående tillstånd, trots att han hade öppnat kontona i en bank i Washington, D.C under de år han arbetade i USA som Israels ambassadör (1968–73), och trots att de två bankkontona bara hade tio tusen dollar i dem.

Kapitel Fyra

Oppositionen Likud Party under Menachem Begin skulle vinna det Israeliska lagstiftningsvalet i maj 1977, och Labour Party skulle befinna sig i oppositionen för första gången i Israelisk historia. Det var så Yitzhak Rabin befann sig på sidan när den nya Menachem Begin-regeringen, med stöd av hjälten från Yom Kippur-kriget 1973 Ariel Sharon, förhandlade fram och undertecknade de USA-sponsrade Camp David-överenskommelserna med Egyptens president Anwar Sadat, vilket ledde till en fredlig lösning av den egyptisk-Israeliska flygeln av den Arabisk-Israeliska konflikten. Avtalet, som förhandlades fram av USA:s 39:e president Jimmy Carter, skulle följas sex månader efter genom undertecknandet av fredsavtalet mellan Egypten och Israel den 26 mars 1979. Fördraget ledde till följande:

- ett genombrott i förbindelserna mellan Egypten och Israel genom ett ömsesidigt erkännande som gjorde Egypten till det första landet i Arabvärlden att erkänna Israels existens.

- en normalisering av förbindelserna mellan Israel och Egypten

- ett slut på krigstillståndet mellan Israel och Arabvärldens mest befolkade stat under tre decennier

- Det totala och fullständiga tillbakadragandet av alla Israeliska militära styrkor och säkerhetsstyrkor från Sinaihalvön.

Egypten gick å sin sida med på att göra Sinaihalvön till en demilitariserad zon med en överenskommen uppsättning regler för att hantera behovet av ökad säkerhet i området.

Israels återkomst av Sinaihalvön till Egypten

Det faktum att Arbeiderpartiet nu var i opposition avskräckte inte Yitzhak Rabin från att spela en aktiv roll i Israelisk politik. Han hängde runt maktens korridorer efter sin avgång genom att tjänstgöra som ledamot av Knesset och genom att sitta i utrikes- och försvarsutskottet fram till 1984. Faktum är att han skulle fortsätta att fungera som Israels försvarsminister från 1984–1990 i de nationella enhetsregeringar som leddes av premiärministrarna Yitzhak

Shamir och Shimon Peres, inklusive åren för den första intifadan — det var intensivt från 1987–1991 och trevande från 1991–1993.

Den första intifadan var en obeveklig serie Palestinska protester och våldsamma upplopp mot den två decennier gamla Israeliska ockupationen av Gazaremsan respektive Västbanken som tillfångatogs från Egypten respektive Jordanien under sexdagarskriget. Det var under intifadas andra år, efter att ha talat med Palestinier av olika samhällsskikt, som han drog slutsatsen att konflikten med Palestinierna bara kunde lösas med politiska medel. Han formulerade kortfattat det för en intervjuare 1989 med följande ord: *"Lösningen kan bara vara politisk."*

Den historiska fasen av Yitzhak Rabins politiska karriär började dock 1992 när han blev omvald som Israels premiärminister på en plattform för att omfamna den Israelisk-Palestinska fredsprocessen. Fredskonferensen i Madrid den 30 oktober - 01 november 1991, som leddes av Spanien och sponsrades av Förenta staterna och Sovjetunionen, i vad som var ett försök från det internationella samfundet att återuppliva fredsprocessen mellan Israel och Palestinierna, liksom mellan Israel och andra Arabländer, såsom Jordanien, Libanon och Syrien, satte igång en fart som Rabin åtog sig att bygga på. Han ansåg att förhållandena var mogna i regionen för att sluta fred när han den 13 juli 1992 sade följande till Israeliska Knesset (parlamentet) *att "I den nuvarande verkligheten finns det bara två alternativ: antingen kommer en seriös ansträngning att göras för att sluta fred med säkerheten ... eller att vi för alltid kommer att leva efter svärdet."*

Han skulle bygga vidare på sina ord och göra vägen för en fredssökning till en officiell strävan, ett initiativ från vilket Oslo Avtalen föddes den 13 september 1993. Det var så utsikterna till en omfattande fred uppstod för första gången i Mellanöstern.

Yitzhak Rabin, Israels general som var hjärnan bakom det mest framgångsrika kriget i Israels historia, övertygade världen om att han hade blivit en stark förespråkare för fred mellan Israel och Arabvärlden under ett tal han höll i den amerikanska kongressen den 26 juli 1994, i närvaro av kung av Hussein Bin Talal av Jordanien, USA:s president Bill Clinton och de lagstiftare som samlades där när han förklarade:

"Jag, militär-ID #30743, pensionerad general i Israels försvarsmakt tidigare, anser mig vara en soldat i fredsarmén idag. Jag, som tjänade mitt land i 27 år som soldat, säger jag till er, till ers majestät, kungen av Jordanien, jag säger er våra amerikanska vänner, i dag ger vi oss ut i en strid som inte har några döda och inga sårade, inget blod och ingen ångest. Detta är den enda strid som är ett nöje att utkämpa, kampen för fred."

Så det kom inte som någon överraskning när Yitzhak Rabin den 14 oktober 1994 vann Nobels fredspris 1994, tillsammans med sin långvariga politiska rival Shimon Peres från Arbeiderpartiet och den Palestinske ledaren Yasser Arafat. När Israel den 26 oktober 1994, ett år efter Oslo Avtalen, undertecknade ett fredsavtal med det Hashemitiska kungariket Jordanien, och Rabin skakade hand med sin kung under vars styre han hade lett tillfångatagandet av Västbanken från Jordanien 1967, blev världen optimistisk om att han skulle leda Israel att förverkliga den övergripande freden i Mellanöstern. Samtidigt som Rabin gick mot en slutlig uppgörelse med Palestinierna siktade han också på en fredsuppgörelse med syrierna över Golanhöjderna som Israel erövrade från Syrien i kriget 1967. Självsäker om utsikterna till fred berättade han för en publik under en Nobelprisföreläsning den 10 december 1994 att *"Det finns bara ett radikalt sätt att helga mänskliga liv. Inte pansar plätering eller tankar eller plan eller betongfästningar. Den enda radikala lösningen är fred."*

Krafterna som böjde sig mot att förstöra den Israelisk-Palestinska fredsprocessen verkade ostoppbar 1995 då den Palestinska militanta gruppen Hamas genomförde en obeveklig kampanj med självmordsbombningar mot Israeler, och när de högerstyrkorna i Israel gjorde kamp mot Israels premiärminister och krävde hans avskjutning och ett slut på fredsprocessen. När han sa att *"Vi måste bekämpa terrorismen som om det inte finns någon fredsprocess och arbeta för att uppnå fred som om det inte finns någon terror ..."* upprepade han bara sin beslutsamhet att ingå ett fredsavtal med Palestinierna trots terroristattackerna från extremistiska Palestinier grupper.

Några i Israel och resten av världen såg mordet på Yitzhak Rabin komma när Yigal Amir sköt honom flera gånger den 4 november 1995 klockan 21:30, i slutet av ett rally till stöd för Oslo Avtalen på "Kungar av Israel Torg" (Kings of Israel Square) — Kallad Rabin Square idag, i Tel Aviv. Han dog på operationsbordet av svår förlust av blod och en punkterad lunga inom 40 minuter efter att ha blivit skjuten av Yigal Amir, och knappt en timme efter att ha stärkt tron på fredslägret i Israel med dessa minnesvärda ord:

"Jag var militär i 27 år. Jag kämpade så länge det inte fanns några utsikter till fred. I dag tror jag att det finns utsikter till fred, stora framtidsutsikter. Vi måste dra nytta av detta för dem som står här, och för dem som inte står här. Och de är många bland vårt folk."

Yitzhak Rabins begravning och begravning ägde rum den 6 november 1995 på Herzl-kyrkogården i Jerusalem, där han lades till vila. Vid ceremonierna deltog hundratals världsledare, däribland ett 80-tal statschefer.

Kapitel Fem

Yitzhak Rabin, den anmärkningsvärda soldat som blev fredskämpe, har blivit en symbol för den Israelisk-Palestinska fredsprocessen sedan han dog av kulorna som avfyrades av en lönnmördare som motsätter sig den fred mellan Israeler och Palestinier som den store Israeliske generalen och statsmannen hade kämpat för.

I dag finns det inget slutligt fredsavtal mellan Israel och de Palestinska territorierna. Israel begränsas av sina högerpolitiska krafter som nu kontrollerar regeringen och militären. Hamas styr nu Gaza, och den Palestinska myndigheten befinner sig i ett tillstånd av hjälplöshet med kontroll över nästan hälften av Västbankens Palestinska territorium.

Utomlands har gator och torg fått sitt namn efter den mördade Israeliske premiärministern i de tyska städerna Bonn och Berlin; i de amerikanska städerna Chicago, Miami och New York; i den spanska huvudstaden Madrid och den ukrainska staden Odessa. Hans namn är framträdande i parker i den kanadensiska staden Montreal, i den franska huvudstaden Paris, i den italienska huvudstaden Rom och i den peruanska staden Lima.

I Israel bär broar, parker, stadsdelar, skolor, gator, statskontor, kraftverk, synagogor och gränsövergångar Yitzhak Rabins namn. Ett bibliotek och forskningscenter som heter Yitzhak Rabin Center byggdes till minne av den mördade Israeliska premiärministern. Hans namn hedras i musik, postfrimärken, den Israeliska försvarsstyrkan (IDF) och i högskolor i Israel och utomlands. Firandet av dagen för mordet på Yitzhak Rabin som hans officiella minnesdag anses av de flesta Israeler vara det högsta erkännandet av hans betydelse i Israelisk historia. När han år 2005 postumt mottog Dr. Rainer Hildebrandt *"Human Rights Award"* (Mänskliga Rättigheter Utmärkelse) som delas ut varje år till dess mottagare i erkännande av deras extraordinära, icke-våldsamma engagemang för mänskliga rättigheter, blev många inte förvånade över det.

Det finns en tankeskola som om Yitzhak Rabin inte hade mördats, skulle han ha vunnit nästa allmänna val och skulle ha använt sitt nya mandat för att uppnå en slutlig fredsuppgörelse med den Palestinska myndigheten under dess ordförande Yasser Arafat och därigenom föra fred till Mellanöstern och undergräva de radikala islamiska grupperna i en process som skulle ha förhindrat:

- den 11 september 2001, terroristattacker i USA

- det resulterande kriget mot terrorn som såg USA invadera Afghanistan och Irak

- kriget mellan Hamas och den Palestinska myndigheten som ledde till Hamas beslagtagande av Gaza

- den Arabiska våren

- inbördeskrigen i Libyen och Jemen

- uppkomsten av terroristernas militära och politiska organisationer, inspirerade av den jihadistiska salafistiska ideologin, känd som Islamiska staten (IS), men även kallad Islamiska staten i Irak och Syrien (ISIS) eller Daesh på Arabiska

- och inbördeskriget i Syrien.

En annan tankeskola hävdar att Yasser Arafat skulle ha svikit Rabin. Denna grupp är övertygad om att den Palestinske ledaren aldrig hyste avsikter att sluta en slutlig fred med Israel. Den främsta förespråkaren för denna åsikt är Ehud Barak som Israels premiärminister från juli 06, 1999 till mars 07, 2001, kom till makten och lovade att förverkliga Rabins dröm genom att sluta fred mellan Israel och Palestinierna. Ehud Barak beskyllde Yasser Arafat för misslyckandet vid toppmötet i Camp David 2000, som var tänkt att leda till en slutlig lösning på den Israelisk-Palestinska konflikten, och hävdade att Yasser Arafat aldrig hade för avsikt att nå en överenskommelse om de slutliga statusfrågorna när det gäller:

- Säkerhetsarrangemang mellan Israel och den framtida Palestinska staten

- Judiska bosättningar i de Palestinska ockuperade områdena Västbanken och Gaza i vad som skulle bli en Palestinsk stat

- Jerusalems tempelberg som annars kallas Haram esh-Sharif av muslimer, som anses vara den heligaste platsen i judendomen och den tredje heligaste platsen i islam

- Flyktingar och Palestinsk rätt att återvända till Israel

- och Jerusalem (arten av dess delning och suveränitet)

Esplanaden av moskéerna, känd på Arabiska som Bayt al-Maqdis eller al-Ḥaram aš-Šarīf, som betyder "Den ädla helgedomen", och till judarna som Tempelberget, består av Klippdomen, Al-Aqsa-moskén, och till höger under esplanaden ligger Västra Muren (Klagomuren)

Misslyckandet med toppmötet i Camp David, Palestinska uppvigling och den Israeliska Likud partiledaren Ariel Sharons besök i Tempelberget-komplexet den 28 september

2020 (som är platsen för Klippdomen och al-Aqsamoskén), som ett uttalande om Israelisk suveränitet över den heliga platsen, utlöste Palestinska upplopp som utlöste den andra intifadan.

Det var på baksidan av den andra Intifadan som annars kallades al-Aqsa Intifada som Ariel Sharon knackade på de härdande känslorna och växande säkerhetsproblemen i Israel och besegrade den sittande Israeliska regeringschefen Ehud Barak i valet till premiärminister den 6 februari 2001. Den andra intifadan skulle upphöra den 8 februari 2005. Det var knappt tre månader efter Yasser Arafats död den 11 november 2004.

Israel, under ledning av den hårdföre premiärministern Ariel Sharon, skulle dra tillbaka alla Judiska bosättare och Israelisk militär från Gazaremsan, den Palestinska militanta gruppen Hamas skulle göra sig av med den Palestinska myndigheten på Gazaremsan efter militärkonflikten mellan Hamas och Fatah-styrkorna den 10 juni 2007 till den 15 juni 2007. Detta efter maktkampen mellan de två grupperna efter att Fatah förlorade parlamentsvalet 2006 på Gazaremsan till Hamas. Hamas övertagande av Gazaremsan orsakade den Palestinska enhetsregeringens sammanbrott, så att de Palestinska territorierna under Palestinsk kontroll nu är indelade i två de facto-enheter – Gazaremsan under Hamas kontroll, och Västbanken där ungefär hälften av territoriet står under den Palestinska nationella myndighetens kontroll, som domineras av Fatah.

Även om vänstern aldrig har återgått till makten i Israel sedan 2001; även om Israel byggde en barriär på Västbanken under andra intifadan på grund av att det var nödvändigt att stoppa vågen av politiska mord (självmordsbombningar och skott) inuti Israel som utfördes av Palestinier från Västbanken; och även om andra fredsplaner har misslyckats med att åstadkomma ett fredsavtal mellan Israel och Palestinierna, skulle Rabins dröm att sluta fred med Arabvärlden ta ett steg framåt när Förenta staternas medling den 13 augusti 2020 ledde Förenade Arabemiraten för att Normalisera Förbindelserna med Israel genom att ingå "Abrahams avtal om Fredsavtal: Fredsfördrag, Diplomatiska Förbindelser och fullständig normalisering mellan Förenade Arabemiraten och staten Israel", annars kallat "Abrahamavtalen". Överenskommelsen följdes av undertecknandet av ett fredsfördrag mellan Israel och Förenade Arabemiraten den 15 september 2020, vilket gjorde Förenade Arabemiraten till det tredje landet i Arabvärlden efter Egypten och Jordanien för att sluta fred med Israel och samarbeta med det om ekonomins ämnen, diplomati och på andra fronter.

Yitzhak Rabin, sabran som tjänade sitt födelseland, och staten Israel hela sitt liv som soldat, politiker och statsman, kunde ha tvingat Yasser Arafat att övervinna sina inre hämningar och göra uppoffringar för fred som var nödvändiga för att skapa en oberoende Palestinsk stat; och Yitzhak Rabin hade den Arabiska världens förtroende, respekt och vördnad, hävdar vissa experter. Oavsett spekulationer, den blyga pojken som blev en av Israels största militärledare och centrum för dess långa resa till fred med sina Arabiska och muslimska grannar kommer alltid att sörjas av dem som drömmer eller har drömt om fred mellan Israel och den Arabiska världen och muslimska världen.

Yitzhak Rabin från Israel, Bill Clinton från USA och den Palestinske ledaren Yasser Arafat vid undertecknandet av Oslo Avtalen

Yitzhak Rabin av Israël och kung Hussein av Jordanien